Sie vermissen die Sommersonne, haben die trübe Laune satt und wollen den Novemberblues und die melancholischen Gefühle verscheuchen? Mit den fröhlichen Motiven in diesem Buch gewinnen Sie dem Herbst die schönsten Seiten ab! Leckere Früchte und putzige Tiere, lustige Hexen, Trolle und fliegende Drachen aus Holz und Draht wecken Ihre Lebensgeister und lassen Sie das Schmuddelwetter leicht nehmen: Das Sägen und Bemalen – vielleicht bei pfiffiger Musik und einer duftenden Tasse Früchtetee – macht Sie ganz gewiss happy!

Heitere Stunden wünscht Ihnen

Die Motive lassen sich in folgende Schwierigkeitsgrade unterteilen:

● ○ ○ einfach ● ● ○ etwas schwieriger ● ● ● anspruchsvoll

MATERIAL

- Sperrholz, 3 mm, 4 mm und 7 mm stark
- Fichtenleimholz, 1,8 cm stark
- geglühter Blumendraht, ø 0,35 mm und ø 0,65 mm
- matte Acrylfarbe
- Abacafaser in Schwarz, Orange und Gelb

Folgende **Grundausstattung** wird für alle Motive benötigt:

- Dekupiersäge
- Laubsäge
- große und kleine Holzfeile
- Schleifpapier, 120er, 180er und 240er Körnung
- Seitenschneider
- Flachzange
- Rundzange
- Bohrer, ø 1 mm, ø 2 mm, ø 2,5 mm und ø 3 mm
- Vorstechnadel
- spitzer Haarpinsel Nr. 0, Nr. 2 und Nr. 6
- flacher Haarpinsel Nr. 8
- Rundholzstab-Reste in verschiedenen Durchmessern
- Alleskleber
- feiner Filzstift in Schwarz
- Buntstift in Rot
- Bleistift, Radiergummi
- Transparentpapier (für Schablonen)
- Tonkarton (für Schablonen)
- Schere
- Küchenkrepp oder Lappen

So geht es

Schablonen fertigen

Die Motivteile mit Bleistift ohne Überschneidungen auf Transparentpapier abpausen, dabei die Positionen für die Bohrlöcher nicht vergessen. Das Transparentpapier auf Tonkarton kleben und die Teile ausschneiden. Die Motivteile auf das Leimholz bzw. Sperrholz legen und mit Bleistift die Umrisse nachziehen, dabei stets den Verlauf der Holzmaserung beachten! Die Bohrlöcher durch die Schablone mit der Vorstechnadel auf dem Sperrholz markieren.

Aussägen

Bei vielen dieser Holzarbeiten gilt: Zuerst den Umriss des Gesamtmotivs aussägen! Davon werden dann die Einzelteile so abgesägt, dass das Ganze später wie ein Puzzle wieder zusammengefügt werden kann. Bei nahezu allen Motiven sind die Sägelinien auf den Vorlagenbogen durchgezogen; Arme oder Beine, die auf dem Motiv, d. h. von vorne angebracht werden, haben eine gestrichelte Kontur. Gepunktete Linien sind keine Sägelinien, sie grenzen Bereiche ab, die mit unterschiedlichen Farben angemalt werden.

Mit der elektrischen Dekupiersäge sind alle Sägearbeiten schnell ausgeführt. Motive bzw. Motivteile aus Sperrholz können auch mit der Laubsäge ausgesägt werden.

Tipp: **Die Anzahl der auszusägenden Motivteile kann reduziert werden, wenn anstelle mancher Sägelinien einfach Farbe neben Farbe gemalt wird.**

Feilen und bohren

Bei manchen Motiven werden die Kanten nur leicht mit der Holzfeile angefeilt, bei anderen werden sie stark abgerundet.

Die Löcher für die Drähte, Aufhängungen usw. mit Bohrern in der angegebenen Stärke bohren.

Bemalen und schleifen

Die Motivteile entsprechend den Abbildungen mit Acrylfarben bemalen.

Die Gesichter mit Bleistift schwach vorzeichnen, dann mit feinem schwarzem Filzstift zart nachziehen. Die Wangen mit Buntstift röten.

Augen und Punkte auf der Kleidung können mit einem Rundholz- oder stumpfen Schaschlikstäbchen aufgetupft werden. Ist keines im gewünschten Durchmesser parat, kann ein vorhandenes Exemplar mit einem Bleistiftspitzer auf den richtigen Durchmesser gebracht werden.

Nach dem Trocknen der Acrylfarbe vor allem die Ränder mit 180er Schleifpapier bearbeiten, bis das Holz durchschimmert. Das erzeugt den reizvollen Holz- bzw. Countrylook.

Hinweis: **Ist keine Größe angegeben, kommen Sie mit einem Holzstück in Größe A5 oder kleiner aus.**

Tipp: **Die Gesichter werden vom Vorlagenbogen abgepaust. Dann die Rückseite des Transparentpapiers mit einem weichen Bleistift schwärzen. Das Transparentpapier auf das bereits mit Hautfarbe bemalte Holzteil legen. Nun die Konturen des Gesichts nachziehen – die leichte Bleistiftspur bleibt auf dem Kopf erkennbar und wird dann mit Filzstift präzisiert.**

Andrahten

Um die Motivteile zu verbinden, ein Stück Blumendraht (ø 0,35 mm) zu einem schmalen U biegen. Die beiden Drahtenden von vorne durch die Bohrungen beider Teile stecken und auf der Rückseite mit Daumen und Zeigefinger (oder mit einer Flachzange) verdrehen. Überstehende Drahtenden mit dem Seitenschneider kürzen und flach biegen bzw. andrücken.

Drahtspiralen formen

Den Draht mehrmals um einen Rundholzstab, ein Schaschlikstäbchen oder einen Bleistift wickeln, die Spirale abstreifen und auf die gewünschte Länge dehnen.

Apfel und Birne

→ machen Appetit auf weitere Holzfrüchtchen

MOTIVHÖHE
Birne ca. 22 cm
Apfel ca. 20 cm

MATERIAL BIRNE MIT GLÜCKLICHER SCHNECKE

- Fichtenleimholz, 1,8 cm stark, 25 cm x 20 cm
- Acrylfarbe in Gelb, Weiß, Braun und Dunkelbraun
- Lackdraht in Schwarz, ø 0,5 mm, 6 x 10 cm lang
- Edelstahldraht in Schwarz, ø 1 mm, 2 x 8 cm lang (Fühler)
- Abacafaser in Schwarz
- 2 Holzperlen in Schwarz, ø 8 mm
- Bohrer, ø 1 mm und ø 3 mm

APFEL MIT LUSTIGER MADE

- Fichtenleimholz, 1,8 cm stark, 20 cm x 20 cm
- Acrylfarbe in Rot, Gelb, Weiß und Schwarz
- Lackdraht in Schwarz, ø 0,5 mm, 4 x 10 cm lang
- Edelstahldraht in Schwarz, ø 1 mm, 2 x 8 cm lang (Fühler)
- Abacafaser in Schwarz
- 2 Holzperlen in Schwarz, ø 8 mm
- Bohrer, ø 1 mm und ø 3 mm

VORLAGENBOGEN 1A

Birne

1 Birne, Schnecke und Schneckenhaus zunächst als ein Teil aussägen, dann erst trennen.

2 Am Kopf der Schnecke von oben drei Löcher bohren (siehe Pfeile auf dem Vorlagenbogen): zwei Fühlerlöcher, ø 1 mm, dazwischen ein Loch für das Haarbüschel, ø 3 mm.

3 Sämtliche Kanten mit der Feile leicht abrunden.

4 Die Holzteile bemalen, etwas schleifen und die Gesichter zeichnen.

5 Die Teile mit dem Lackdraht verbinden. Die Enden auf der Rückseite miteinander verdrehen und kürzen.

6 An den Fühlerdrähten der Schnecke jeweils eine Perle anbringen.

7 Abschließend den „Kopfschmuck" aus Abacafaser einstecken und fixieren.

Apfel

Diese zwei Freunde werden genauso gefertigt wie die „Birne mit glücklicher Schnecke".

Hamsterpaar Edi und Fredi

Anleitung Seite 8

-LICH
WILLKOMMEN

Hamsterpaar Edi und Fredi

→ putziger Willkommensgruß im Duett

MOTIVHÖHE
ca. 23 cm

MATERIAL PRO HAMSTER
- Fichtenleimholz, 1,8 cm stark (Hamster, Birne), A5 (Fredi) bzw. A4 (Edi)
- Sperrholz, 7 mm stark (Pfoten, Füße)
- Acrylfarbe in Ocker, Schwarz und Weiß
- geglühter Blumendraht, ø 0,35 mm, 3 x 25 cm lang (Barthaare)
- 2 Spax-Schrauben, 3 cm lang
- Bohrer, ø 1 mm (Löcher für Draht) und ø 2 mm (Löcher für Schrauben)

NUR EDI (MIT BIRNE)
- Acrylfarbe in Grün und Schwarz
- geglühter Blumendraht, ø 0,35 mm, 4 x 18 cm lang (Pfoten)

NUR FREDI (MIT MAIS)
- Sperrholz, 3 mm stark (Mais, Herz)
- Acrylfarbe in Gelb, Hellgelb und Rot
- geglühter Blumendraht, ø 0,35 mm, 2 x 18 cm (Pfoten) und 12 x 8 cm lang (Mais, Herz)

VORLAGENBOGEN 1A

1 Die Motivteile vom Vorlagenbogen abpausen, aussägen, bohren und bemalen, wie auf den Seiten 2 und 3 beschrieben. Beide Hamster sind bis auf den leicht veränderten Gesichtsausdruck, die Position der Pfoten und ihre Leckerbissen gleich.

2 Die Gesichter und den Willkommen-Schriftzug gemäß dem Tipp auf Seite 3 (geschwärztes Transparentpapier) auf die ockerfarbenen Köpfe und den gelben Maiskolben übertragen. Mit schwarzem Filzstift und weißer Acrylfarbe (Zähne und Lichtpunkte der Augen) nachzeichnen.

3 Sobald die Kanten der Motivteile nachgeschliffen sind, die Füße anschrauben.

4 An Fredis Maiskolben die Blätter und das Herz andrahten. Einen Draht durch die linke Pfote, den Mais und den Rumpf ziehen; die Enden auf der Rückseite verdrehen. Die rechte Pfote liegt nur halb auf dem Maiskolben – der Draht wird nur durch die Pfote und den Rumpf geführt und hinten verdreht.

5 Edis Pfoten an der Birne festdrahten. Die grüne Frucht mit Alleskleber auf dem Rumpf fixieren.

6 Zum Schluss die Barthaare einziehen.

Mäusetrio bei der Obsternte

→ Tischdeko – zum Anbeißen süß

MOTIVHÖHE
ca. 8 cm

MATERIAL
- Sperrholz, 8 mm stark (Mäuserumpf, Obst)
- Sperrholz, 3 mm stark (Ohren, Arme, Beine)
- Acrylfarbe in Grau, Weiß, Schwarz, Rot, Gelb, Blau, Hellgrün und Dunkelgrün
- geglühter Blumendraht, ø 0,35 mm, 9 x 8 cm lang
- Bohrer, ø 1 mm

VORLAGENBOGEN 1B

1 Die Teile vorbereiten, wie auf den Seiten 2 und 3 beschrieben.

2 Die Kanten leicht abrunden. Nach dem Bemalen die Kanten noch abschleifen. Für das Obst und das Blatt werden Spuren einer zweiten Farbe verwendet, z. B. ein Hauch von Gelb auf der hellgrünen Birne.

3 Die Motivteile gemäß Vorlagenbogen zusammendrahten.

4 Das Obst und das Blatt zwischen die Pfötchen stecken bzw. locker auf dem Tisch verteilen.

Mondhexe

→ zauberhafter Schmuck fürs Kinderzimmer

MOTIVHÖHE
ca. 25 cm

MATERIAL

- Sperrholz, 4 mm stark, A4
- Acrylfarbe in Hautfarbe, Gelb, Schwarz, Rot, Braun und Weiß
- geglühter Blumendraht, ø 0,35 mm, 16 x 8 cm, 2 x 20 cm (Besen) und 10 cm lang (Kette)
- geglühter Blumendraht, ø 0,65 mm, 1,40 m lang (Spirale für Besen)
- Abacafaser in Schwarz, 10 cm, und Orange, 15 cm lang
- Rundholzstäbchen, ø 4 mm (Rabenaugen)
- Bohrer, ø 1 mm

VORLAGENBOGEN 1B

1 Den Mond samt Hexe und Raben zunächst als ein Teil aussägen, dann Raben, Hut und Ärmel abtrennen. Die restlichen Einzelteile (Rock, Hände, Füße, Besenstiel, Herz) ebenfalls vorbereiten.

2 Die Löcher bohren und alle Teile bemalen. Die Wangen der Hexe mit Buntstift röten. Die weißen Rabenaugen mit dem Holzstäbchen auftupfen.

3 Alle Kanten leicht abschleifen.

4 Den Hut am Kopf platzieren, die Ränder mit den orangefarbenen Abacafaser-Haaren verdecken, Kopf und Hut mit drei Drähten verbinden. Die Drahtenden auf der Rückseite verdrehen und kürzen.

5 Die Raben und die Ärmel andrahten. Den Rock und die Schuhe auf den Mond legen und mit zwei Drähten fixieren. Nun die Hände befestigen und die Herzkette umhängen.

6 Die schwarze Abacafaser mithilfe der 20 cm langen Drahtstücke am Besenstiel festbinden. Den Stiel mit einem kurzen Draht am Mond fixieren. Den dicken Blumendraht um das Rundholzstäbchen wickeln, dehnen, um Mond und Besenstiel schlingen und die Enden auf der Rückseite verdrehen.

Vogelscheuche

→ tierfreundliches Fräulein für den Vorgarten

MOTIVHÖHE
ca. 36 cm

MATERIAL
- Sperrholz, 4 mm stark, 25 cm x 35 cm
- 19 Rohholzperlen, ø 6 mm
- 5 Rohholzperlen, ø 8 mm
- Rundholzstab, ø 1,5 cm
- Acrylfarbe in Hautfarbe, Braun, Hellgrün, Dunkelgrün, Hellgelb und Rot
- geglühter Blumendraht, ø 0,35 mm, 2 x 25 cm und 23 x 6 cm lang
- Abacafaser oder Grasfaser in Gelb, 8 cm lang
- Bohrer, ø 1 mm

VORLAGENBOGEN 1B

1 Die Vogelscheuche samt senkrechter Stütze, Hut und Vögeln als ein Teil aussägen, dann Hut und Vögel abtrennen.

2 Acht Scheiben, je ca. 3 mm stark, von dem Rundholzstab absägen.

3 Den Kopf hautfarben bemalen und das Gesicht aufzeichnen. Den Hut dunkelgrün – mit rotem Band –, die Jacke hellgrün grundieren und mit einem sehr feinen Pinsel das hellgelbe Karomuster aufbringen. Rote Flicken und schwarze Filzstift-Nähte ergänzen.

4 Die fünf großen Perlen, die Holzscheiben, Vögel und das Körperkreuz gemäß der Abbildung bemalen.

5 Kopf und Hut rechts außen mit Draht verbinden, gelbe Abaca- oder Grasfaser als Haare dazwischenlegen, nun Kopf und Hut links außen sowie zweimal oberhalb der Augenbrauen zusammendrahten.

6 Vögel, Jackentaschen und Knöpfe mit Draht fixieren.

7 Durch die Hände jeweils ein langes Drahtstück zur Hälfte durchziehen, verdrehen, kleine Perlen und Holzscheiben auffädeln und die Enden sichern.

Rüben- und Kürbisgeister

→ farbenfröhliche Gesellen fürs Küchenbord

MOTIVHÖHE
ohne Beine ca. 6 cm (Kürbis) bzw. 10 cm (Rübe)

MATERIAL
- Fichtenleimholz, 1,8 cm stark (Rumpf, Stiel)
- Sperrholz, 3 mm stark (Hände, Füße)
- Acrylfarbe in Hellgün, Dunkelgrün, Gelb, Orange und Rot
- geglühter Blumendraht, ø 0,35 mm, pro Motiv 4 x 10 cm bzw. 5 x 10 cm lang
- geglühter Blumendraht, ø 0,65 mm, pro Motiv 2 x 13 cm (Arme) und 2 x 16 cm lang (Beine)
- Bohrer, ø 1 mm

VORLAGENBOGEN 1A

1 Jedes Kerlchen zuerst als ein Teil aussägen, dann Stiel und Deckel trennen.

2 Die Kanten leicht abrunden und die Löcher bohren.

3 Die Motivteile bemalen und an den Kanten anschleifen, bis das Holz durchschimmert.

4 Die dünneren Drahtstücke jeweils zu einem schmalen U biegen, die Enden von vorne durch zwei Löcher stecken, auf der Rückseite miteinander verdrehen und kürzen.

5 Die Arm- und Beindrähte am Kürbis befestigen, drei- bzw. fünfmal um einen Bleistift wickeln und abstreifen. Die Hände bzw. Füße andrahten.

Igel mit Obstvorrat?

Anleitung Seite 18

Igel mit Obstvorrat?

→ da wundert sich der Rabe

MOTIVHÖHE
Igel ca. 21 cm
Rabe ca. 31 cm

MATERIAL

IGEL

- Fichtenleimholz, 1,8 cm stark
- Sperrholz, 7 mm stark (Äpfel, Birnen)
- Acrylfarbe in Schwarz, Rot, Gelb, Braun und Weiß
- geglühter Blumendraht, ø 0,65 mm, 4 x 40 cm lang
- 4 Rohholzperlen, ø 2,5 cm
- Jutekordel in Natur, ø 6 mm, 2 x 17 cm lang
- Bohrer, ø 1 mm und ø 6 mm

RABE

- Fichtenleimholz, 1,8 cm stark
- Sperrholz, 3 mm stark (Flügel, Füße)
- Acrylfarbe in Schwarz, Rot, Blau, Gelb und Weiß
- geglühter Blumendraht, ø 0,35 mm, 12 cm lang
- Jutekordel in Gelb, ø 2,5 mm, 35 cm lang
- Bast in Rot, 20 cm lang
- Bohrer, ø 1 mm und ø 2,5 mm

VORLAGENBOGEN 2A

Igel

1 Die Motivteile gemäß der Anleitung auf den Seiten 2 und 3 vorbereiten, aussägen, bemalen und die Kanten leicht schleifen.

2 Für die Spiralen den Draht um einen Bleistift wickeln, abstreifen und dehnen. Ein Ende an einer Frucht andrahten, das andere in den Igel stecken. Die Pfeile auf dem Vorlagenbogen markieren die Bohrlöcher für die Drahtspiralen.

3 Die Kordeln jeweils zur Hälfte durch den Igelrumpf ziehen. In die Löcher der braun bemalten Perlen etwas Klebstoff geben und die Enden der Kordel hineinstecken.

Rabe

1 Die Motivteile aussägen, feilen, schleifen, bohren und bemalen, wie auf den Seiten 2 und 3 beschrieben.

2 Den Draht zu einem schmalen U biegen und die Enden durch das Loch im Flügel, die beiden Löcher im Rumpf und das Loch im anderen Flügel führen. Die Drahtenden miteinander verdrehen und kürzen.

3 Die Jutekordel zur Hälfte durch das große Loch im Rumpf ziehen, jeweils einen Fuß auffädeln und die Enden mit einem Knoten versehen. Als Halsschmuck eine rote Bastschleife umbinden.

Eichhörnchen-Rendezvous bei den Pilzen

→ reizende Tischdeko oder Fensterbank-Zier

MOTIVHÖHE
ca. 10 cm

MATERIAL
- Sperrholz, 7 mm stark, A4
- Acrylfarbe in Orange, Braun, Dunkelbraun, Weiß, Rot und Dunkelgrün
- geglühter Blumendraht, ø 0,35 mm, 21 x 8 cm lang
- Bohrer, ø 1 mm

VORLAGENBOGEN 1B

1 Die Eichhörnchen und Pilze fertigen, wie auf den Seiten 2 und 3 beschrieben. Ohren, Arme und Beine werden jeweils doppelt benötigt.

2 Die Grasbüschel ebenfalls je zweimal aussägen, dann bemalen.

3 Sämtliche Kanten nach dem Trocknen der Farbe mit Schleifpapier bearbeiten.

4 Die Teile gemäß Vorlagenbogen mit Draht zusammenfügen. Die Pilze zwischen die Grasbüschel drahten – die beiden Grasteile werden nicht deckungsgleich, sondern zueinander seitenverkehrt platziert.

MOTIVHÖHE
ca. 14 cm bzw. 27 cm

MATERIAL
- Sperrholz, 3 mm stark
- Acrylfarbe in Hellgelb, Braun, Hautfarbe und Weiß
- geglühter Blumendraht, ø 0,35 mm, 10 x 20 cm und 2 x 6 cm lang (Schildbefestigung)
- Rundholzstäbchen, ø 3 mm
- Bohrer, ø 1 m

VORLAGENBOGEN 2A

Fledermäuse im Mondlicht

→ Gruselspaß für Halloween-Fans

1 Die Motivteile gemäß der Anleitung auf den Seiten 2 und 3 aussägen, bohren, bemalen und beschriften.

2 Die Kanten schleifen, bis das Holz durchschimmert.

3 Nun mit rotem Buntstift die Wangen der Fledermäuse, des Mondes und der Sterne färben und die Ränder des Schildes nachziehen.

4 Den Fledermauskopf auf den Rumpf kleben.

5 Die langen Drahtstücke um das Rundholzstäbchen wickeln, abziehen, etwas dehnen und damit die Motivteile entsprechend der Abbildung verdrahten. Fledermaus und Schild mit den beiden kurzen, geraden Drahtstücken verbinden.

Hexe beim Besenritt

→ magischer Liebreiz

Material und Abbildung Seite 22.

1 Hexe, Besenstiel und Rabenkörper zunächst als ein Teil aussägen. Dann den Raben vom Besenstiel trennen. Die Flügel und die beiden Ärmel werden separat gefertigt.

2 Die Motivteile bemalen. Das Rabenauge mithilfe des Rundholzstäbchens auftupfen und mit einem schwarzen Pünktchen versehen. Das Muster auf dem Kleid mit spitzem Pinsel (oder stumpfem Schaschlikstäbchen) auftragen.

3 Orangefarbene Abacafaser als Haare auf die Trennlinie zwischen Hut und Kopf legen und alles mit drei kurzen Drähten fixieren.

4 Den Raben auf dem Besenstiel festdrahten, dann die Flügel anbringen.

5 Schwarze Abacafaser mit den 20 cm langen Drahtstücken um den Besenstiel binden.

6 Für die Sternenkette zuerst einen Stern 8 cm weit aufstecken, den Draht einmal verdrehen, dann beide Enden direkt neben dem Stern zu Spiralen drehen (jeweils 5 Windungen). Auf das längere Ende den zweiten Stern „fädeln“, Draht verdrehen, fünf Windungen, den nächsten Stern aufstecken etc. Die Sternenkette an der Bohrung des Besenstiels unter dem Raben und an den „Borsten“ des Besens andrahten. Noch einen Stern am Hut befestigen.

Hexe beim Besenritt

Anleitung Seite 21

MOTIVHÖHE
ca. 22 cm

MATERIAL
- Sperrholz, 3 mm stark, A4
- Acrylfarbe in Hautfarbe, Lila, Orange, Braun, Schwarz, Gelb und Weiß
- geglühter Blumendraht, ø 0,35 mm, 7 x 8 cm, 2 x 20 cm (Besen), 10 cm (Hutstern) und 2 x 50 cm lang (Sternenkette und Aufhängung)
- Abacafaser in Schwarz und Orange, jeweils 12 cm lang
- Rundholzstäbchen, ø 3 mm
- Bohrer, ø 1 m

VORLAGENBOGEN 2A

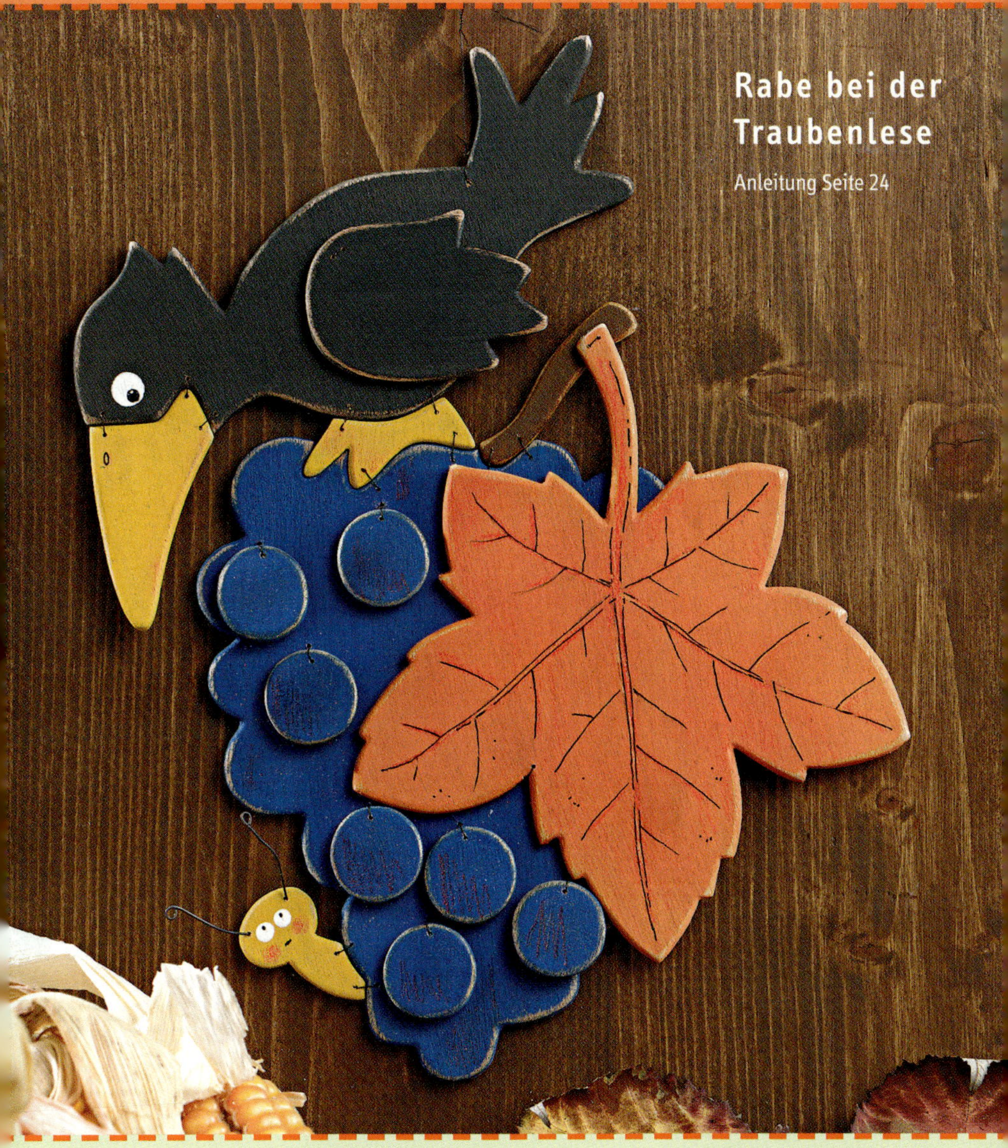

Rabe bei der Traubenlese

Anleitung Seite 24

MOTIVHÖHE
ca. 26 cm

MATERIAL

- Sperrholz, 5 mm stark, A3
- Acrylfarbe in Schwarz, Gelb, Orange, Blau und Weiß
- geglühter Blumendraht, ø 0,35 mm, 21 x 8 cm lang
- geglühter Blumendraht, ø 0,65 mm, 8 cm lang (Fühler)
- Bohrer, ø 1 m

VORLAGENBOGEN 2A

Rabe bei der Traubenlese

→ süßes Mitbringsel (plus Weinflasche ...)

Material und Abbildung Seite 23.

1 Den Raben (ohne Flügel) samt Weintraube, Stiel und Made als ein Teil aussägen. Erst jetzt Schnabel, Füße, Stiel und Made abtrennen. Flügel, Blatt und Beeren aussägen.

2 Die Motivteile bemalen und die Kanten leicht abschleifen.

3 Die Augen von Rabe und Made entweder mit dem Pinsel aufmalen oder mit einem Rundholzstab, ø 4 mm bzw. ø 10 mm, auftupfen. Mit dem roten Buntstift die Wangen der Made röten und stellenweise auf dem Blatt und den Beeren Akzente setzen. Mit feinem schwarzem Filzstift die Blattadern nachzeichnen.

4 Die Teile gemäß Abbildung zusammendrahten. Das Drahtstück für die Fühler durch das Köpfchen der Made ziehen und die Enden kreisförmig biegen.

Pilzfreunde

→ Waldidyll fürs Kinderzimmer

MOTIVHÖHE
ca. 26 cm

MATERIAL
- Sperrholz, 5 mm stark, A4
- Acrylfarbe in Grau, Weiß, Schwarz, Dunkelgrün, Gelb, Hellbraun, Rot und Orange
- geglühter Blumendraht, ø 0,35 mm, 3 x 10 cm (Barthaare), 2 x 9 cm (Fühler) und 29 x 8 cm lang
- 4 Holzperlen in Orange, ø 4 mm
- Bohrer, ø 1 mm

VORLAGENBOGEN 2B

1 Das Ensemble – außer Kopf, Arm und Füßen der Maus, die separat vorbereitet werden – zunächst als ein Teil aussägen. Dann die einzelnen Teile so voneinander trennen, dass später alles wie ein Puzzle wieder zusammengefügt werden kann.

2 Die Motivteile nach dem Bohren bemalen und die Gesichter aufzeichnen. Die Pilzhüte in Rot grundieren und mit Orange übermalen. Nach dem Abschleifen der Pilzhüte schimmert die rote Grundierung durch.

3 Die Barthaare durch die Mäuseschnauze ziehen. Die Fühler durch die Schneckenköpfe „fädeln“, die Enden jeweils durch das Loch einer Perle führen und verdrahten.

4 Die Motivteile gemäß Vorlagenbogen und Abbildung mit Draht zusammensetzen.

Hexe im Kürbis

→ verbreitet gute Laune, auch bei Schmuddelwetter

MOTIVHÖHE
ca. 23 cm

MATERIAL
- Sperrholz, 3 mm stark, A4
- Acrylfarbe in Hautfarbe, Orange, Hellgrün, Grün, Hellgelb, Schwarz und Weiß
- geglühter Blumendraht, ø 0,35 mm, 3 x 20 cm (Besen, Kette) und 21 x 8 cm lang
- Abacafaser in Schwarz, 10 cm, und Orange, 12 cm lang
- Rundholzstäbchen, ø 3 mm
- Bohrer, ø 1 mm und ø 2,5 mm

VORLAGENBOGEN 2B

1 Das Motiv bis auf Fledermaus und Rabenflügel als ein Teil aussägen.

2 Die mit einem Kreuz markierten Bereiche mit dem großen Bohrer anbohren. Das Sägeblatt jeweils ausspannen, durch das Loch stecken, einspannen und die Fläche heraussägen.

3 Die Einzelteile mit der Säge voneinander trennen. Später werden sie wie ein Puzzle wieder zusammengefügt.

4 Es folgt das Bemalen; die gepunkteten Linien auf dem Vorlagenbogen grenzen die Farbflächen voneinander ab. Die feinen Linien auf dem Kürbis und im Gesicht der Hexe mit schwarzem Filzstift einzeichnen. Die Hexennase mit rotem Buntstift betonen. Das Rabenauge und die Punkte auf dem Kleid mithilfe des Rundholzstäbchens auftupfen.

5 Nach dem Abschleifen der Kanten zuerst das orangefarbene Haarbüschel andrahten. Einige Abacafasern so kürzen, dass die Hexe einen Pony bekommt.

6 Die restlichen Motivteile andrahten, die schwarze Abacafaser mit zwei langen Drahtstücken um den Besenstiel binden und die Fledermaus-Kette umhängen.

Drei Trolle an der Schaukel

→ pure Lebenslust!

MOTIVHÖHE
ca. 23 cm

MATERIAL
- Sperrholz, 5 mm stark
- Sperrholz, 3 mm stark (Blüten, Schwanzquasten, Arme des Blumentrolls, Füße des Schaukeltrolls)
- Fichtenleimholz, 1,8 cm stark (Bodenplatte)
- Acrylfarbe in Hautfarbe, Hellbraun, Rot, Grün und Elfenbein
- Holzpatina (Blüten)
- geglühter Blumendraht, ø 0,35 mm (Arme, Beine, Blüten)
- Steckdraht, ø 1 mm, 2 x 17 cm (Schaukel), 3 x 8 cm (Schwänze) und 7 cm lang (Blumenstiel)
- Stieldraht, ø 1,5 mm, 4 x 30 cm lang (Schaukelbogen)
- Bohrer, ø 1 mm (Wichtel, Blüten) und ø 1,5 mm (Bodenplatte)

VORLAGENBOGEN 1B

1 Die Trolle samt Armen und Beinen zunächst als ein Teil aussägen. Dann die Arme und Beine abtrennen. Achtung, die Arme des Blumentrolls und die Füße des Schaukeltrolls aus dem dünnen Sperrholz fertigen! Für die Bodenplatte aus Fichtenleimholz die Dekupiersäge verwenden.

2 Die Ränder zuerst leicht mit der Feile abrunden und mit Schleifpapier glätten. Die oberen Kanten der Bodenplatte stark abrunden.

3 Nun die Löcher bohren – für den Schwanz der Trolle allerdings nur die Rückseite des Rumpfs anbohren! Beim Schaukeltroll die Hände und das Schaukelbrett senkrecht – und beim Blumentroll die Hände von der Seite her waagrecht – durchbohren (gepunktete Linien auf dem Vorlagenbogen).

4 Die Trolle bemalen, anschließend die Farbe vor allem an den Kanten leicht abschleifen. Die Blüten rot bemalen, trocknen lassen, abschleifen, Patina auftragen und den Überschuss mit Küchenkrepp abwischen. Die elfenbeinfarbenen Blütenmitten aufmalen.

5 Die Arme und Beine der Trolle mit Blumendraht fixieren, dazu jeweils einen 8 cm langen Draht zu einem schmalen U biegen, die Enden durch die beiden Löcher stecken, auf der Rückseite verdrehen, mit dem Seitenschneider auf 5 mm kürzen und andrücken.

6 Am Schwanzdraht zuerst die Holzquaste befestigen, dann das andere Ende in die halbe Bohrung am Rumpf der Trolle kleben.

7 Beim Schaukeltroll die beiden langen Drahtstücke jeweils durch Hand und Schaukelbrett stecken und gemäß der Abbildung umbiegen. Die vier Stieldrähte in die Bohrungen der Bodenplatte stecken, paarweise ein unregelmäßiges „Rankgerüst" schlingen und zu einem Bogen formen. Die Drahtenden miteinander verdrehen.

8 Die Schaukel in den Bogen hängen und die Blüten jeweils mit 6 cm langen Blumendrähten am Bogen fixieren.

9 Die Füße des Schaukeltrolls mit Alleskleber fixieren.

Fliegende Drachen

→ das Leben leicht nehmen

1 Die Teile gemäß der Anleitung auf den Seiten 2 und 3 vorbereiten.

2 Beim Bemalen in Längsrichtung noch Spuren einer zweiten Farbe einarbeiten: in den gelben Drachen etwas Hellgrün, in die hellgrünen Quasten und Schwanzschleifen etwas Dunkelgrün. Beim roten Drachen Gelb einarbeiten.

3 Gemäß dem Vorlagenbogen und der Abbildung die Drachen und Vögel zusammendrahten; an den drei 15 cm langen Drähten die Vögel befestigen.

MOTIVHÖHE
ca. 30 cm bzw. 35 cm

MATERIAL
- Sperrholz, 3 mm stark, A4
- Acrylfarbe in Gelb, Hellgrün, Dunkelgrün, Rot und Weiß
- Buntstift in Rot und Gelb
- geglühter Blumendraht, ø 0,35 mm, 11 x 8 cm (Quasten, Vogelflügel), 3 x 15 cm (3 Vögel) und 2 x 25 cm lang (Schwänze)
- Bohrer, ø 1 m

VORLAGENBOGEN 2B

Maus im Apfel

→ probier's mal mit Gemütlichkeit ...

Material und Abbildung Seite 32.

1 Zuerst den Umriss des kompletten Apfels aus der Leimholzplatte aussägen. Dann mit dem dickeren Bohrer in den mit einem Kreuz markierten Bereich zwischen Apfel und Maus ein Loch bohren. Das Sägeblatt lösen, durch das Loch stecken, wieder einspannen und die angekreuzte Fläche samt Maus heraussägen. Jetzt die Maus vollständig aussägen und die Frucht von den anderen (später schwarzen) Apfelteilen trennen.

2 Ohren, Vorder- und Hinterbeine der Maus aus Sperrholz aussägen.

3 Die senkrechten Löcher bohren (Pfeile auf dem Vorlagenbogen): am Apfelstiel zweimal ø 1 mm für die Aufhängung, am Mäusekopf ø 2,5 mm für den Haarschopf aus Abacafaser und unten am Apfel ø 2,5 mm für den Mäuseschwanz aus Jutekordel. Die restlichen Löcher gemäß Vorlagenbogen mit dem feinen Bohrer anbringen.

4 Die Motivteile bemalen, an den Rändern abschleifen und zusammendrahten.

5 Die Maus in den Apfel legen. Ein Kordelende mit einem Knoten versehen, das andere in das Loch im Apfel kleben.

6 Den Apfelstiel mit einer Bastschleife verzieren.

MOTIVHÖHE
ca. 23 cm

MATERIAL

- Fichtenleimholz, 1,8 cm stark (Apfel, Mäuserumpf)
- Sperrholz, 3 mm stark (Ohren, Vorder- und Hinterbeine)
- Acrylfarbe in Rot, Braun, Weiß und Schwarz
- geglühter Blumendraht, ø 0,35 mm, 8 x 10 cm lang
- Jutekordel in Weiß, ø 2,5 mm, 12 cm lang
- Abacafaser in Schwarz, 3 cm lang
- Naturbast, 20 cm lang
- Bohrer, ø 1 mm und ø 2,5 mm

VORLAGEN-BOGEN 2B

Anleitung Seite 31

DIESES BUCH ENTHÄLT 2 VORLAGENBOGEN

IMPRESSUM

FOTOS: frechverlag GmbH, 70499 Stuttgart; Fotostudio Ullrich & Co., Renningen
DRUCK: frechdruck GmbH, 70499 Stuttgart

Auflage: 5. 4. 3. 2. 1.
Jahr: 2008 2007 2006 2005 2004 [Letzte Zahlen maßgebend]

ISBN 3-7724-3276-X
Best.-Nr. 3276